이종암

몸꽃

애지시선 032

몸꽃

2010년 8월 15일 초판 1쇄 발행
2017년 1월 31일 초판 2쇄 발행

지은이 이종암
펴낸이 윤영진
편 집 함순례
디자인 함광일 이경훈
홍 보 한천규
펴낸곳 도서출판 애지
등록 제 2005-5호
주소 34623 대전광역시 동구 대전로 867번길 46 4층
전화 042 637 9942
팩스 042 635 9941
전자우편 ejiweb@hanmail.net

ISBN 978-89-92219-26-6 03810

애지시선 032

몸꽃

이종암 시집

□ 시인의 말

두렵다, 여기까지다
내가 부른 노래는

더 깊은 노래로 건너가기 위해
몸과 마음
다시 벼랑으로 내몰아야 한다

2010년 여름
이종암

차례

제2부

제3부

제4부

제1부

봄날, 하동

매화 피고 나니
산수유 피고
또 벚꽃이 피려고
꽃맹아리 저리 빨갛다

화개花開 지나는 중

꽃 피고 지는 사이
내 일생의
웃음도 눈물도

행行,

다 저기에 있다

몸꽃

— 차근우

오어사 뒷마당 배배 뒤틀린 굵은 배롱나무
뇌성마비 1급 지체장애자
영호 형님 작은 아들 차근우 같다
말도 몸도 자꾸 안으로 말려들어
겨우 한마디씩 내던지는 말과 몸짓으로
차가운 세상 길 뚫고 나가
뜨거운 꽃송이 활활 피워 올리는 나무

푸른 대나무가
온몸의 힘 끌어 모아 겨우 만든 마디
촘촘한 마디의 힘으로 태풍을 견디듯

자꾸만 뒤틀리고 꺾이는 몸
서지도 걷지도 못하는 형극의 몸으로
수도 없이 들어올린 역기로 다져진
팔뚝 근육, 차근우

시꺼먼 가슴 뜯어 길을 만들었다
부족한 몸뚱어리 빚고 또 빚어
제 집 한 채 거뜬히 세운
세상 가장 뜨겁게 타오르는
몸꽃

홍매도 부처 연두도 부처

황사 심하던 어저께 통도사에 갔다

마음과 몸뚱어리
모래 먼지 뒤덮인 허공만 같아
대웅전 바닥에 한참 엎디어 울었다
속울음 실컷 울고 나니
내 허물 조금 보이는 것만 같다

금강계단 되돌아 나오는데
천지간 황사 밀어내며 막 눈뜨는
홍매 한 그루, 나를 꾸짖는다
암아, 암아, 세상 살면서
제대로 핀 니 몸꽃 하나 가져라

산문을 나오며 바라본 먼 산
잿빛 겨울을 지우며 올라오는
연두가 또 회초리를 든다

百中

늦은 밤 방문을 열고 나오다가
하늘에 떠 있는 살빛 꽃 한 송이를 보았다
엷은 구름 속 보름달이어서
그 모양 갖가지로 보이는데

고향집 툇마루에서 허허 웃고 있는 아버지가 거기에 있고, 나 때문에 삐쳐 토라진 동생이 있고, 6 · 25때 운문산 어디에서 전사하였다는 삼촌도 있고, 왜정 때 일본에서 객사하였다는 우리 할아버지도 있는데

저 커다란 달꽃 한 송이 내 속으로 자꾸 건너오고
살빛 속으로 내가 마구 스며드는 것은

그렇다, 피의 일은 멈춤 없이
속수무책 흘러 흘러 내려오는 것이어서

답장

누룩으로 빚은 술 이웃과 나눠 마시며
절로 솟구치는 만홍漫興
에헤이 디—야 끄덕끄덕 어깨춤
잘도 추셨던 우리 아버지 무학자가 아니었어

암아배고프제정지솥안에살믄고구마
퍼떡꺼내무꼬큰사나꼴로나락비로오니래이

연필에 침 묻혀 삐뚤빼뚤 눌러 쓴
싯누런 돌가리 포대기 쪼가리
툇마루에 작은 돌멩이로 꽉 눌러 둔
난생 처음 받은 아버지 편지

십오 년 전 먼 길 가신 아버지
나는 한 번도 편지 드리지 못했다
아, 보내지 못한 그 답장

그래, 나는 지금 두어 줄의
더디고 어눌한 편지를 쓴다

아부지요!
거기서 할배와 동생 식이는 봤십니꺼
어매와 지수씨는 걱정하지 마시소

꽃잎의 문장

길 위에 일렬로 줄지어 서 있는
잎도 없는 가지에
벚, 벚, 벚 서라벌 거리에 활짝 핀
저 벚꽃들, 키 큰 하얀 빗자루다

저리도 환하게 실컷 웃다가
제 힘만큼만 하늘 쓸다가
때 되면 훌쩍 몸 날려
풀—풀
뛰어내리는 꽃잎
꽃잎들

우주의 맑은 낯바닥에
오고 가는 일의 속내를 쓰고 있다

사천왕사 터

— 월명사

동생, 너 죽어 석삼 년 나는 폐허다
남산과 낭산 사이 길 한쪽
널브러져 흔적으로만 남은 폐사지
사천왕사 터, 목 잘린 귀부를 매만진다
죽은 누이에게 제祭 올리며 월명사
부르던 그 노래 따라 부른다
죽음으로 생生은 완성되는 것인가
폐사지, 저 절대의 침묵이
절터를 두 동강 끊어놓은 철길의 쇳소리
다 잠재우고 있다
월명의 슬픈 노랫가락 물살져 오는
팥죽빛 서녘 하늘로 새 한 마리
날아가는 걸 봤다 가릉가릉 그 소리
아직 몸에 남아 있어 나는 아프다

초생달

— 동생

대구 가서 일곱 살 조카와 목욕탕엘 갔다

지 아비를 꼭 빼닮은 아이
맨살이 닿는
이 자리로 네가 건너오면 어떨까
어릴 적, 나 때문에
왼쪽 팔뚝에 초생달 모양으로 새겨진
네 상처 자국 환하게만 보여서
맨살의 아이 몸을 꼭 껴안는다

아버지 보고 싶냐, 원석아
예, 큰아빠도 우리 아빠 보고 싶어요?

목욕탕 나와 원석이도 나도 봤다
서쪽 하늘의 초생달
가만히 점점 더 크게 웃고 있는
또 가만히 울며 길 가는

갓 돌 지난 아이 달랑 놔두고 먼 데로
훌쩍 건너 가버린

木蓮을 빌리다

신관 건물 3층 11반 창가에
힘겹게 이사 온 목련 가지 하나
허공에 낚싯대 내걸고 오래 골몰한다

한 주가 지나고
다시 수업하다 보니
화르르 고기떼가 왔다
하얀 목련 꽃망울 터져 낚싯대 주변이
다 환하다 허공이 꽉 찬다

며칠 더 지나 그 나무 아래로 갔다
잠시 정박 중에 불 밝히던
꽃, 화르르 지고 있다
저 꽃의 뒷모습은 누가 감당하나

자연自然, 본래 그러하지만
그걸 지켜보는 사람의 몸은

상처투성이다

내 몸에 네가 아직 남아 있다

검은 목어새

황톳빛 연못* 속으로 사방연속
꽃들이 오종종 피었는데
물 속 꽃그늘 위로 검은 목어 한 마리
새처럼 날아와
왕방울 눈을 하얗게 뜨며
누굴 찾는지

몸에
지나온 물이랑 겹으로 흐르는
검은 목어새와
캄캄한 그리움의 눈빛으로 돋아난 별들
허공을 사이에 두고
세상에 없는 말 주고받는데

연못과 하늘, 그 속의 목어와 별
그들의 수작을 나는 보고 말았다
온몸이 다 얼얼하다

* 연못 : 대구대학교 김인숙 교수의 작품(46×39cm, 삼베+분채+먹, 2004).

징검돌

대구서 공장 다니던 셋째 순이 누부
17인치 흑백 텔레비전 처음 가져 왔을 때
나는 6학년 너는 3학년, 만화 영화
'은하철도999' 를 같이 타고 놀았지

어젯밤
어둠을 헤치고 은하철도 마당에 내려왔는데
그 철도 열차 안에는 네가 없었다
아무리 찾아도 보이지 않았다

은핫물 저 건너로 너는 가버리고
나는 여기서 젖은 언어로
하나, 둘, 셋, 넷 징검다리 놓는다
첨벙첨벙 네게로 가는 징검돌 자꾸
자꾸만 놓는다

봄날도 가고

꼭, 누가 부르는 것만 같다
교실 창밖으로 자꾸 눈이 간다

화단에 동백 세 그루
겨우내 몸속 쌓아둔 긴 기다림에
잎은 온통 진초록 빛인데
봄볕의 불을 받아 안고서 끝내
한 며칠 잉걸로 활활 타오르더니

그예 몸 아래 불길 주루룩 다 쏟아
꽃방석 하나 만들고는 곧장
눈 꾹, 감는다
초록의 제 길을 가는 것이다

봄날도 저렇게 가고
또 어저께는 소꿉친구 뒷집 귀숙이
꽃상여 타고 멀리 갔다

지도

대낮에 허공을 파고 있던 창백한 낮달이 갑자기 내 쪽으로 오고 있는데 높이 치켜든 시퍼런 한 자루의 낫으로 달려오는데 아직은 아냐 도망을 가는데 멀쩡하던 내 다리 절뚝절뚝 절고 그 사이 점점 좁혀지는데 살려줘 엄마, 소리는 나오지 않고 윙윙 헛바람 소리만 귓가에 맴도는데 도깨비를 물리쳤다는 설화 속의 빨간 병 파란 병이 내게는 없는데 정거장도 없고 사람도 보이질 않는데 들판을 지나 대밭을 지나면서 급하게 대나무 하나 꺾어들고 덮쳐오는 낮달을 향해 죽창을 휙— 집어던지자 하늘에서 푸른 물이 후두둑 쏟아져 내리는데

6학년 봄날이었다, 내가 그려놓은 마지막 이불 위의 지도

門

나무는 제 몸에 세월을 쌓는다
늙은 나무 아래에 가면
그걸 볼 수 있다

허공 뻗어나가는 가지 밑자리
여기저기 스스로 썩으면서
미리 상처를 만들어 놓는다

자기 몸 허물어
먼 길 가는 영혼을 위해
아궁이를 놓아둔다
젖은 눈빛, 그걸 들여다보는 것은
생生의 욕망을 내려놓는 일
꺼져가는 몸의 아궁이
끝내 돌아가야 할 문이다

문門 하나 나를 보고 있다

끈

밤하늘 둥싯 떠오른 한가위 보름달
고향집 뒷산의 아버지 무덤이다

길게 늘어진 텔레비전 속 귀성행렬
자기 뒤를 찾아가는 질기고도 질긴
끈이다, 뜨겁고 고마운 저 끈
햇곡식과 과일로 차례상 보아
조상 찾아가는 지극 정성 저 긴 끈

보름달 기울어 끝내 모습 안 보여도
달은 달, 아버지의 무덤 지나
아버지의 아버지 그 아버지의 아버……
보이지 않는다고 없는 것 아니다

저기서 걸어왔고 끝내 우리 가야 하는
붉은 끈, 저기에 있다

제2부

本來

여름 깊으면 원적原籍 찾아 기어이
강을 거슬러 오르는 은어 떼 본다

열서너 살 때부터
나는 끝내 은빛 바람이 되리라
다짐하며 여기까지 걸어왔지만
물 속의 저 은빛 화살표들
→ → → → → → →
골똘히 들여다보면 직선이 아니다
왔던 곳으로 되돌아가는 곡선이다

번득이며 강을 거슬러 오르는 그렇게
한사코 길 가는 은어 떼의 몸짓들
떠났다가 다시 돌아와 또 다른 나를
부려놓고 온전히 바닥으로 가는
본래, 그 무서운 길

무논의 책

아버지는 멋진 책을 잘 만들었다
봄과 여름 사이 오월의 논에 아버지
산골짝 물 들여와 소와 쟁기로 해마다
무논의 책 만든다

모내기 전의 무논은 밀서密書다
하늘과 땅이 마주보는 밀서 속으로
바람이 오고 구름이 일어나고
꽃향기 새소리도 피어나는 무논의 책

아버지 어머니 책 속으로 걸어가면
연둣빛 어린 모가 따라 들어간다
초록 치마를 펼쳐놓은 책 위로
하늘이 구름 불러 햇볕과 비를 앉히고
한철 또록또록 그 책 다 읽고나면
밥이 나왔다
무논의 책이 나를 키웠다

하늘공책

미시령 넘어 속초 가는 길
고갯마루 지나 내리막, 막 접어든
순간,
눈 앞 능선에서 불쑥
삐죽하게 치솟은
바위!
내 가슴 깊숙이 찌른다

붓

끝이다

뭘 쓰려나

아, 날 찍어 뭘 쓰려나

하늘은 다만 넓고 푸르다

오동經

비우고 비워낸 겨울 빈 자리에
새봄 기운이 든다
대지와 가지에 봄은 기어코 올라와
촘촘히 번져가는 연둣빛 천지

장육사 가는 길 늙은 오동나무는
보랏빛 말씀들 주렁주렁 매달고
머리 굵어진 초록 중생들 앞에서
천천히 오동경 읽고 계신다

꾹꾹 눌러 제 몸에 경經 받아 적는
길 가는 봄 들판은 바쁘다
연두는 자기를 지워 초록으로 가는데
나는 나를 지워 어디로 가는가?

오동나무에 피는 오동꽃 말씀들
끝내 바닥으로 내려가 땅의

퉁소소리로* 출렁댄다

그리고 봄날이 다 간다

* 『장자』의 「제물론」에서 땅의 퉁소소리를 지뢰(地籟)라고 한다. 이 시는 이성희의 글 「평담 속에 무궁한 기운이 생동하니(하)」(『신생』, 2004년 봄호)를 읽다가 얻었다.

감은사지

봄날 해질녘 절집은 없고
석탑 둘만 마당에 외로이 서 있다

철골 비계에 갇혀 신음하는 서탑 보며
얼굴 잔뜩 찡그린 동탑 시린 그늘에서
몇 년째 병석에 있는 영감 간호하는
팔순의 장모님 얼굴이 쓰윽 스쳐간다

감은사 두 탑은 천년 해로한 노부부다
못다 한 사랑 조금씩 오래 나눠 갖는
삶의 어느 곳에서든 꽃은 핀다

뒤돌아 나오는 마당 가장자리 고목 두 그루
용당 탑마을 당나무라고 하는데
밖은 두 그루, 땅 속 뿌리는 하나여서
마실 지켜주는 영감—할망구 나무라고
쪼글쪼글 동네 할마시들 큰 소리로 자랑이다

왔던 길 되돌아가는, 스러지는 나무부부
덩치 큰 나무가 몸집 작은 나무를
끌어안고 있는 저 뜨거운 모양새 위로
잘 삭은 어둠 점점 내려앉는다

애물결나비와 허공

여름이 다 가는데 나비야
어쩌나, 가야할 지평선 너머는
저리도 먼데
가을 수풀에 꽃 찾아 날아와
바람에 실려 나는 애물결나비

애, 애는
애처롭다는 것, 작다는 것

그러나 가을이 깊어 가는데 어쩌나
나비 간다 겨우 간다
애가 탄다
꽃의 마지막 숨결 먹고
곧 스러지고 말 나비야
네가 가고 갈꽃도 가면

한참 동안

허공, 저 혼자 심심하겠다

삼인당

선암사에는 명품이 많다
무지개다리 승선교 냄새 없는 뒤깐
또 삼성각 앞마당 길게 누운 소나무
그러나 진짜 명품은 따로 있다

절 입구 작은 연못, 삼인당三印塘
신라 승려 도선국사가 축조하며 불렀던
삼인을 나는 모른다
그저 계란 모양의 연못 그 안
또 알 모양의 섬, 알 속의 알 본다
두 그루 자미나무
물 위 가지마다 꽃불 피우는데
저 작은 꽃송이들
저마다 우주를 떠받치고 있는 걸 본다

그렇지, 지구알 위에 사는 사람들
사람이 우주의 한 송이 꽃이다

椄

경산絅山 선생은 내 고향 청도 감을 두고 '결사結社'와 '신격神格' 그리고 '벼락 감춘 금강金剛'이라 노래했다* 씨 없는 청도 감의 속내는 청도의 바람과 물과 흙이 접椄으로 빚어내는 그 생명의 마당이어야 한다 고욤나무에 청도 감나무 생가지를 꺾어다가 볕 좋은 봄날에 접붙이면서 감나무는 생명의 첫눈을 뜬다 접이 중요하다 서로 다른 너와 내가 만나 접椄 되어 한 몸으로 새끼를 놓는 일, 생명이 나오는 본디 모습이다 이 땅에 내 생명 하나 내려놓는 일 이것이 분명 결사요, 신격이요, 금강일 터이다 세상에 번지는 죽임의 물결 걷어내고 생生의 명命 지켜내는 것 신격보다 더 소중한 인격의 본 모습이다

* 정진규 시집 『껍질』(세계사, 2007)에 수록된 시 「청도가 수상하다」.

부부꽃

6 · 25 참전용사, 올해 여든 셋 우리 장인어른
병들어 오늘 내일 하신다
평생을 바람처럼 밖으로만 떠돌다
늘그막에 대구보훈병원 병실에 누워
꼼짝 못하신다

3년째 병실 바닥에 자리 깔고
새우잠 자면서 남편 수발들고 있는
팔순의 장모님, 그래도
늘 웃으며 우리를 맞는다

병실에서, 늙은이 둘
서로 걱정하며 나무라며
궁시렁궁시렁 온갖 말씀들 나누면서
그렇게 피어나고 있다

기도

— 아들 승엽에게

십오 년 전 오어사 원효암 오른 적 있다

아내 뱃속에 새로 생명을 얻은 그때
늦은 가을 암자 툇마루에 앉아
바람에 떨어져 어디론가 펄펄 날아가는
감나무 이파리 하나에도 마음 다 모았다

내가 놓쳐버린 생명, 그 큰 죄
빌고 또 빌면서
다시 오고 있는 뱃속의 생명 온전히 달라고

아내는 오늘도 암자에 오른다
눈이 퉁퉁 붓도록 울며 절 한다
어렵게 건너온 자식 하나
활짝 피어 제 웃음 다 웃게 하라고

일출에 관한 보고서

기명색 새벽 하늘 아래 검푸른
강구 앞 바다
뜨겁고 붉은 알 밀어내느라
끙—끙 용을 쓴다
그걸 훔쳐보는 나도 저도
애가 타는 건 매한가지
그 사이
핏덩이 하나 쑤욱 솟아 오른다

금줄을 둘러라 이 경건한 자리
수평선 가랑이가 온통 피칠갑이다
아무나 봐서는 안 된다
출산 후의 저 바다
문 열고 황금빛 수를 놓는
수평선이 길게 운다

아내여, 욕 봤다

緣

이황李璜 있었고,

전지田枝 국헌國軒 영년永年 인충麟冲 진璔 존비尊庇 우瑀 암嵒 강岡 원原 증增 평泙 육育 교郊 반礬 담潭 륵玏 광규光奎 인구麟耆 경은慶殷 중오仲五 동권東權 주복周福 원선元善 정철庭轍 명기明其 또 있었고

무너지고 이뤄지고 무너지고 이뤄져
그냥 저냥이 아니라 필연으로
종암鍾巖 승엽承燁 있다

또,

해월

홍해들 지나 신광 깊은 산골짝
검등골에서
세상 밖으로 걸어나갔네
스승 수운水雲의 가르침 두 손으로 받아들고
험한 길 해월海月이 걸어갔네
관군에게 쫓기며 36년간
낮게 더 낮게 걸어간 그 발걸음
죽어가는 조선의 땅에
스승의 말씀 씨앗 뿌려 생명 모시는,
생명 길어 올리는
숨찬 길이었네
조선의 헐벗은 사람들 속으로
온전히 들어가서 그는 끝내 죽고
깜깜한 바다
하늘 높이 뜬 달이 되었네

절

지난 여름 보경사 산문 앞 육백 살 회화나무 한 분 땅바닥에 온전히 넘어지셨다

일평생, 제 몫을 다하고 허공에서 바닥까지 큰절 한 번 올리고 누운 저 몸, 마지막 몸뚱이로 쓴 경전經典

나도 지금 절 올리고 있다

둥근 그림

백화점 지하 대중식당에서 늦은 점심 먹다가 보았다

기름으로 얼룩진 작업복 청년과 아직 볼이 발그스레한 앳된 여자가 구석진 자리에서 늦은 점심을 먹고 있는데, 떡라면 먹는 여자를 바라보는 청년 잇바디가 다 드러나 있다 청년의 된장찌개도 나오자 그는 된장 속 두부 조각을 얹은 하얀 쌀밥 만삭인 여자 입 속으로 쑤욱 밀어 넣는다 제 입도 한껏 따라 벌어지며

아, 소리 없는 웃음으로 그려내는
저 둥근 그림!

제3부

사월, 주산지

일부러 딴청을 부리고 있는 건가? 문 열지 않으면 그 옆구리라도 호비작거리는 수밖에. 저수지 옆구리 깊숙이 들어가 속을 훔쳐본다. 호수가 산 속의 봉우리를 물고 있는지, 봉우리가 호수를 끌어안고 참선에 드는지 나는 모른다.

가랑이를 물 속 깊숙이 담그고 있는 수십 그루의 왕버들 가시내들. 사월 초순 저 가시내들 몸이 달아오른다. 누가 저 머리에 초록 족두리를 올렸는가? 뾰족뾰족, 하늘 오르는 초록에게 짓궂은 바람은 자꾸 머리끄덩이를 잡아당긴다. 휘청대는 왕버들, 봄날의 허공 빗자루로 쓸어내리듯 초록 글자 획 — 획 씨 길긴다.

길 위에서 다시 노래를 부른다. 초록 글자들 주워 모아 주춧돌 놓고 대들보 올려 사월의 마당에 방 한 칸 장만한다. 여기가 오늘 하루 나의 거처, 색색의 봄꽃들 초록 들판에 흩뿌려두고.

길은 목마르다

산악자전거 빌려 타고
동네 뒷산으로 가니
길은 철커덕철커덕 바퀴살 속으로
들어와 츠, 츠, 죽는다

이렇게 자꾸 베어 먹어도 길은
끝없이 펼쳐진다
포항 지나 기계, 죽장, 상옥의 길들이
자전거 속으로 다 들어오고 서쪽 하늘도
끝까지 버티다 별 수 없이 자전거
속으로 빨려드는데 길은 또 있다
백두대간을 타고 설악과 금강으로
또 바다로 하늘로 길은 끝 없다
그래서 길이다

길은 늘 목마르다

당신은 언제나 길 건너에 서 있다

레가토, 초생달

비 오는 날 환성사 찾아가다 마주 보며 이런저런 이야길 하다 길 잃어버려 다행이었네 차 되돌려 나오다 시동 끄고 넋 놓고 바라본 빗속 더 파래진 초록들 위 뿌연 안개는 부치지 못한 편지처럼 왔다갔다 하고 물 흐르는 소리 들리다 말다 하는데 너와 나는 쉽사리 드나들지 못하는가 따로다 내 마음밭에 수도 없이 다녀간 발자국 너는 왜 볼 수 없는지

차 안에 두고 간 자판기 종이컵에 새겨진 네 붉은 초생달 하나 몸속을 파고드는데, 엊그제 잃어버린 길 위에서 만난 초록 물결과 같이 내 몸 여기저기 휘젓고 다닌다 또 나는 그걸 오랫동안 지니고 다닐 게 분명하다 우리의 시간을 초생달이 다 건져 올릴 때까지 나는 기다리고 또 기다린다 레가토로 파고드는 종이컵 저 빨간 초생달에 찔려 속수무책으로,

다시, 서출지

사람들은 모른다 저 못의 아가리 위로 연꽃은 왜 피는지 그냥 못둑에 서서 아, 아 입만 벌리다 돌아간다 천년 사랑의 비밀문서가 내장되어 저리 연꽃이 피는 서출書出, 지池의 속사정을 나는 마침내 말해야만 한다

막막한 뻘흙의 층을 지나 어둔 물 속 계단을 밟고 초록 세상 위로 고개 내민 연꽃은 사랑의 밀사密使, 못둑의 늙은 배롱나무에 석 달 열흘 타오르는 불꽃은 이 때문이다

연꽃에 멱살 붙들린 서출지, 난리 났다고 물 속 억머구리 구르륵 꾸륵 울고 나 몰라라 저녁 해는 서둘러 제 길 떠나고 못의 아가리 주변을 따라 널브러진 꽃들은 초록으로 빨강으로 문서를 숨기려 저 야단들이다 사랑의 비밀문서가 확 펼쳐진, 오늘 저 난리통 속

그대 함부로 가지 마라, 여름 서출지

춤

그녀한테서 문자가 왔다

팔공산 영불암* 오르는 길, 연초록 드레스를 입은 무용수들이 일제히 왈츠를 추고 있어요

어쩌란 말인가
그 왈츠의 상대는 아마도 푸른 바람이겠지
연초록 나뭇잎들 일제히 바람과 손 맞잡고
왈츠를 춘다고, 하하
그렇게 우리도 손 맞잡고 춤출까?

부처를 맞이한다는 영불암 가는 길이니
소신공양燒身供養
몸과 마음마저 다 내어주는 사랑
저도 알고 있는 것이겠지

춤을 추자고 한다

사랑은 끝없이 춤추는 거라고, 그녀가
대낮에 춤추는 문자를 보내왔다

골똘히 춤 속으로 걸어간다, 나는

* 그녀가 말한 팔공산 영불암은 염불암의 오기였다. 그러나 어쩌랴, 영불암이 내게 이렇게 와 버린 것을.

동피랑과 나타샤

칠월 어느 날 구형 산타페 끌고 느릿느릿
통영 동피랑 간다 산으로 휘어지고 비탈진
좁은 골목 휘휘 돌다가 넋 놓고 내려다 본
골목 끝 그 바다의 얼굴 너는 기억하는가

스러지고 쓰러져가던, 가파른 집과 담벼락
기타 치며 노래 부르니 꽃이 핀다
슬레이트 지붕 낡은 벽돌담에 향기가 돈다

사랑은 극한의 벼랑에서 피는 꽃이다

내려오는 동네 어귀 네가 따 건네 준
치자꽃, 처음 본 끝물의 그 살빛 고혹
동피랑 나타샤로 내 몸 깊게 봉인된다

이제 언제 어디서라도 찰방찰방 통영
파도소리 따라 허공에서 꽃이 핀다

저 허공 속으로 손을 집어넣을까?

목련 강물

화가 김향자는 캔버스에 목련을 그리다 말고
이건 과부꽃이라며 웃는다
잎도 없이 혼자서 치마 펼쳐들고 한없이
누굴 기다리는 봄 하늘의 목련木蓮

너를 보면 징검돌 감아 흐르는
찰방찰방 강물소리 들려온다
네게로 가는 바람은 언제나 봄날
내 스무 살 교정의 잔디밭 목련 아래
흐르던 그때 그 맑은 웃음소리
훌훌 목련이 지듯 그렇게 가버리고

불혹을 지나 목련, 너를 다시 본다
가지가지 사이로 날 불러내는
내 몸의 어리벙벙 이 소리들

목련의 강물은 언제 다 흘러가나

달을 지우다

배반 들판 무인지경 어둠 속 진평왕릉
고요하고 아늑해 차라리 쓸쓸하다
네 커다란 가슴같이 봉긋한 봉분
둘레 몇 그루의 솔, 버들, 느티
띄엄띄엄 신장神將처럼 서 있는데
하늘젖 흘러나왔는지 희뿌연 허공
검푸른 가지 날개처럼 펼치고 섰는
키 큰 소나무를 바라보며 너는
저 풍광, 그림 같다 했는가
검푸른 솔가지 위로 건너온 보름달
하늘 꿰매고 있는 황금단추라 했는가
솔 그림에 새거진 황금낙관 같은 데
저 보름달 환한 네 얼굴만 같은데
어저께 끝내 찍고 만 도장이라며
흐느끼는 네게 나는 구름 몇 장 빌려
커다란 보름달 조금씩 지우기만 했다
테두리 없는 그림이었다

무우정

내가 부른 노래 그대 받아 부르니
경천대 무우정*이 허공에 떠오른다
강은 소리 없는 몸짓으로
흐른다 우리도 이렇게 흘러왔던가

나는 노래 부르고 그대 춤을 추고
마주하며 물 위로 나는 두 마리 새로
곱게곱게 여기까지 날아왔던가

전생에 우리가 그랬던 것처럼
꼭 그렇게
그대는 내 시를 받아 읽고
더덩실 몸 세워 내가 춤을 추면
오던 어둠발도 주춤주춤 물러선다

마음은 빛보다 빨라서 이렇게
마주보며 무우정을 겸상으로 앉혀

서로 드나들면서

* 무우정(舞雩亭) : 경북 상주시 사벌면 낙동강변에 있는 정자.

브로치

우주 어디로 가는 중인가
황금 반달

구월 밤하늘에 떠 있는 반달을 보다
네게로 가는 마음 곧장 뻗고 뻗어
저 반달을 따다 네 가슴에
달아주고 싶다 문자를 보내니

어제는 소나무 가지에 있었는데
오늘은 내 가슴에 왔다고 하네
날마다 그 반달 브로치
바라보며 만지작대며 나는 잠드네

헛헛한 세상의 길 다 잠재우고
더는 다른 떠돎도 없이
빛나고 빛나는 브로치에 눈이 멀어

하늘의 반달

나는 이제 볼 수도 없겠네

겨울 황장목

황장봉계금표* 너머 네게로 갔네
울진 소광리 금강송

붉은 네 허리 한 폭 잘라
버들치 눈 말똥말똥 뜨는
맑은 물 속에 담그고 또 담가
그 빛깔 더욱 깊으면
내 여인의 치마를 엮어줄까

저 속에는 일출과 일몰의
빛깔 다 들어 있어, 나
까지껏 그 속에서 실컷 놀겠네
한 세상 붉게 타오르겠네

그런 다음, 왕족의 관을 짜든
백성의 지게를 짜든
더 보탤 말 하나 없겠네

* 황장봉계금표(黃腸封界禁表) : 경북 울진 소광리에 옛날 왕족의 관을 짤 양질의 소나무인 황장목(黃腸木)을 베어내지 못하도록 나라에서 바위에 새긴 푯말.

香壇에 갇히다

양동마을로 가보라 하네, 그대. 가서 향단香壇*에 잠시 머물러 보라 하네. 그대 만나고 돌아오자 내 몸에 금 하나 새겨져버렸는데, 교실 나무책상 한복판에 깊이 그어진 칼자국 같은 굵은 금 하나. 더 깊이 젖어드는 게 무작정 여기까지 걸어온 내 몸인가, 축축하게 비 맞고 있는 옛집의 저 기둥들인가. 안채 사랑채 행랑채를 이어 붙여 둘레를 친 그 속, 뜰을 안고 있는 '興' 자 모양의 집, 향단에 쪼그려 앉아 나를 가두고 있는 먼 곳의 그대를 생각하네.

동쪽 담벼락에 벼락 맞은 늙은 향나무, 머리 잘려나가고 반쯤 찢겨진 나무가 내 몸 안에 들어오네. 그리움은 저 나무처럼 허공을 끌어안고 눈도 뜨지 않고 살아가는 일인가. 그대 속으로 나 끝내 걸어 들어가는 것은 깊은 상처를 몸에 지고 하루 또 하루를 버텨내는 일이다 그래, 차라리 어지러운 어둠이어도 좋겠네. 몸에 번진 그리움의 독毒 다 풀어헤쳐 차라리 깜깜 어두워져야겠네. 내 몸에 새겨진 그대 아무도 보지 못하게.

* 향단(香壇) : 경주시 강동면 양동마을에 있는 50여 칸 興자 모양의 古家. 모친 병간호를 하고 있는 회재 이언적(1491-1553)을 위해 중종이 하사한 집이라 전해진다. 그녀가 이름이 참 예쁘다고 했다.

굴러가는 진평왕릉

우연찮게 내게로 왔네 아니 내가 찾아간 것이었네 책 들고 여기저기 묻고 또 물어 갔네 처음에는 꼭 천년 신라로 들어가는 무슨 거대한 단추 같고 배꼽 같았네 근엄한 석장승 대신 솔 버들 느티 몇 그루 둘레둘레 세워두고 들판 너머로 딸아이 누워있는 낭산*을 건너다보며 또 다른 신화를 써 내려가는 왕릉이여 그대 때문에 보문벌이 하늘 위로 휘리릭 날아가지 않고 서라벌이 그냥 서라벌로 남아 있는가 그대 커단 눈동자에 내 마음 붙들려 이렇게 웅크려 앉아 있으면 길이 사라지고 시간의 고요 속으로 한없이 날 굴리어 갈 것만 같네

저기 왕릉이 무연無緣 굴러가고 있네

* 낭산(狼山) : 경주 남산 앞에 누에 모양의 작은 구릉으로 된 산. 여기에 진평왕의 딸이었던 선덕여왕의 무덤이 있다.

제4부

하늘사닥다리

수미단 모양새 좋은 환성사, 거기

키 큰 당간지주와 수월관水月觀 그 사이
한 걸음도 채 안 되는 거리에 은행과 느티
사닥다리 모양으로 서 있다
서로 밀어내지 않고, 제 혼자서만
하늘길 가지 않는 나무 두 그루
똑같이 거목巨木으로 일어나
탑이 되었다

지척에 있는 땅 밑 어둠 속 발 뿌리들
서루 스며들며 허락하며 껴안고서
거센 태풍도 거뜬히 이겨냈을 터
허공 높이 층층계로 몸 펼쳐

하늘로 가는 사닥다리가 있다

붉은 노래

— 故 김정구 시인

영일만 철의 뱃길 열던 그대
지금 무얼 하고 있는가

유고遺稿 정리를 끝낸 날 밤
물어물어 그대 유택幽宅 찾아갔네
천북 지나 그대에게 가는 길은
먼 별세계로 가는 것만 같고

공원묘지 안쪽 산등성이 높푸른
그대 새집 고요하고 따스하네
밤하늘 별이불 위에서
천창天窓 열고 붉은 노래*
혼자서 부르고 있는가

그대 새길 닦으며 부르는 노래
저기 저기서 들려온다

밤하늘 배 한 척 잘 가고 있다

* 김정구 유고 시집 『내 붉은 노래』(고요아침, 2005).

신태하

굳게 닫힌 기억의 빗장을 열자
현絃, 걸어나와 내 몸의 문을 연다
인터넷 카페 목요시학회*
가곡모음, 바이올린 연주를 듣는 밤

1980년 매전중학교 3학년 음악 선생님
신태하
퇴근길 청도행 버스를 기다리는 동안
학교 앞 구멍가게 뒷마당에서 막소주를 마시던,
이층 교실 창밖 동창천 내다보며
옛 동산에 올라, 크르릉 끄응 바이올린 켜던
늙은 음악선생의 젖은 눈빛을
나는 보고 말았는데

현絃이 물고 있는 풍경, 여기 흘러와
훼손되지 않은 내 기억의 영토
빗장 풀리고 뭉쳐져 있던 시간

하나 둘 쏟아져 나오는 걸 본다

소리로 세상을 건너가려 한다, 나는

* 목요시학회(cafe.daum.net/Thurspoem) : 장옥관, 엄원태, 송재학 시인 등이 중심이 되어 만든 대구경북지역 시 창작연구회.

이상論

— 최학출

대학 1학년 전공필수 문학개론 시간
李箱같이 생긴 강사 선생님
이상은 양파다, 라고 이상한 말 한다
껍질 하나 까면 껍질, 다시 까도 껍질
껍데기 껍데기 끝없이 벗겨내도
속은 절대 보여주지 않는, 보여줄 수 없는
밖이 안이 되고 안이 밖이 되는
그래 양파는 異常이다
理想은 삶의 밖이다 안이다
異常하게 껍데기도 알맹이도 없는
양파는 이종암이다 너다, 아니다
안팎이 따로 없는 이 비밀
李箱이 죽은 나이를 지나 마흔이 되면
쭈그러드는 몸이 풀어낸다
이중 삼중도 빨강과 파랑, 노랑
색은 모두 하나라는 것, 어렵다
以上.

하늘북

막창집 구석진 자리의 두 여인
연거푸 소줏병 비워내고 있다
말없이 눈물만 뚝뚝 흘리고 있는
저 여인
지난 봄 대구지하철 화재 사고로
하나 뿐인 딸아이를 잃은 어미

대구의 봄은 시커멓게 타버렸다
반월당 하늘북서점 지나 지하도로
흰 국화 한 송이 들고 내려갔었다
가슴이 콱콱 막혔다 시커멓게 타버린
지하도 내벽보다 더 검게 주저앉은
저들에게 나는 아무 말 하지 못했다

하늘의 북소리 받아 저 화염의
세상 속으로 밀어 넣어야 하는데
내 시여, 너는 아직 멀었다

봄똥

봄볕에 눈 찔려 세상이 새롭게만 보여

먼 데 봄산이 있어, 사월 저기
산살구꽃 복사꽃 띄엄띄엄
얼핏 눈 마주치면 저것들
누가 무더기로 퍼질러 놓은 똥만 같은데
저 고운 똥무더기들
가슴에 들여앉히고도 싶어

청도 지나 운문 가다 다시 봄산
산비알 여기저기 떼 입은 똥무더기
무덤 또 무덤들
저 불립문자不立文字 해독하고 싶어

봄산으로 막 올라오는
각양각색 연초록 아우성의 봄똥들
여기저기서 와글와글, 누가

생生의 집착을 내려놓아라 했는가

봄똥이 저리 생생, 잘도 끓고 있는데

은행나무가 사람에게 말을 걸다

천이백 살 먹은 유가사 시방루 앞
삼백 살쯤 된 은행나무 한 그루
우두커니 서서
시월에 후루루 파다다 춤춘다
하늘공책에 사경寫經 새기며

그 아래 사람들 시와 노래 잔치 열어
공양 올리니 은행나무 사람에게 말을 건다
황금빛 이파리 후루루, 후룩, 후룩
은행이 투두두 투둑, 툭, 툭
부처님 말씀처럼 내려온다

거기에 허공이 또 밑그림을 그린다
수만 평 노을 위 수백 마리 까마귀떼
불러 하늘을 접었다 펼쳤다 하며

전전긍긍

삼월 하순 창밖
젊은 모과나무 한 그루
애가 탄다

키 작은 매화나무는 벌써
꽃잎 휘날리며 한바탕 춤을 추는데
목련도 꽃망울 허공에 내다 걸며
탕탕 봄볕과 벌 나비 불러들여
봄날의 풍류 저리 펼쳐드는데

이제야 여린 싹을 내미는
모과나무
봄날의 햇볕 꼬드겨
제 몸의
율律, 뜯어내는 저 아픔의

철원 문답

겨울방학이 오면 철원에 가야겠네

아내와 어린 아들을 데리고
민통선 안 월정리역月井里驛 부근에서
검푸른 겨울 밤하늘 보며 달우물 그림도
그려보고 철 지난 여름풀같이 스러져가는
산 너머 또 다른 조국 이야기도
자식놈에게 조곤조곤 들려주겠네

허물어진 남로당사와 빈 겨울들판도
찾아 가겠네 수도승마냥 벌판을 떠도는
두루미가족처럼 시간도 잊은 채
텅 빈 겨울 들판 그냥 오고 가겠네

아빠, 저 새들은 어디서 왔어?
또 어디로 가? 아들의 물음에
답을 구하려 아내와 머릴 맞대고

오고 가는 것, 그 너머를 찾아

오랜 궁리도 해야겠네

상서장

무덥던 지난 여름 경주에 갔네
남산 뒷자락 상서장* 가서
천년 전 한 사람을 생각하느니

나라 살리는 애끓는 심정 하나로
피 토하듯 한 자 한 자 써내려간
임금께 올린 편지는 끝내 되돌아 와서
내 이빨 다 부서지고 혀가 끊어지는
그 참담한 고통은 그래도 괜찮다고 하자
나라와 백성의 살림 도륙당하는 세상
길이 저기 저기에 보이는데
저 길〔道〕
세상에 올릴 수 없는 캄캄함이여
세상의 앞길 더는 감당할 수 없어
내가 본 그 길
끝내 펴지 못하고 산으로 가네

옛 사람의 길 따르며 노래 부르네
병든 세상 씻는
내 노래를 찾으며

* 상서장(上書莊) : 경북기념물 제46호. 통일신라 말기 고운(孤雲) 최치원(崔致遠) 선생이 진성여왕에게 올린 글인 시무10조(時務十條)의 방책을 쓴 곳. 경북 경주시 인왕동 산37-2에 소재.

신광

무한 허공 푸드득 푸드득
학이 날아가는 모양 그대로
내려앉은 비학산飛鶴山 그 아래 여기 저기
또 저기 여기 마을들 터 잡은 곳

신광神光*

수천 년 누대로 사람 사는 곳에서
사람들 어우러져 살아가는 그 속에서
살림의 새빛은 빚어진다네
옛날과 오늘이 끊어짐 없이
이어지고 이어진 살림살이의 내력들
내 언어로는 다 엮을 수 없네

그러나 여기
신광神光
생명의 새 빛 신령스런 빛

사그라들지 않고 끝내 피어나
어둔 세상 속으로 훨훨 번져간다네

* 神光(신광) : 경북 포항시 북구 신광면.

숭복사지

사산비명四山碑銘* 찾아 마지막 다다른 곳
경주시 외동면 말방리 산23-1
주춧돌 몇 개 겨우 남아 황량하다
고운孤雲 선생이 쓴 비는 흔적도 없고

삼월 산야에 연두도 오고 꽃도 피는데
몸속 울음이 자꾸 쏟아진다
눈 감으니 없는 비문의 행간에서
선생의 안타깝고 메마른 소리
파란만장, 그 검은 소리 들려온다

금당터 앞
잎도 피우지 않고 서 있는 한 그루
감나무, 내게 말을 건넨다
싹을 내밀고 곧 꽃 피워 열매 맺을 테니
가서 네가 불러야할 노래 불러라
너는 혼자가 아닌 것이니

* 신라 말 고운 최치원 선생이 쓴 4개의 유명한 비문이다. 우리나라 금석문 연구의 보배와도 같은 것으로 국보와 보물로 지정되어 있다. 경남 하동의 쌍계사진감선사대공탑비, 충남 보령의 성주사낭혜화상백월보광탑비, 경북 경주의 대숭복사비, 경북 문경의 봉암사 지증대사적조탑비가 그것이다.

길

— 석장승*과의 대화1

그대 보고 싶어 다시 이렇게 왔다 어찌 손도 내밀지 않는가 방금 이렇게 쑤욱 내민 손 보지도 못했는가 품속에서 꺼내지도 않았는데 뭐 그대는 보이는 것만 보는가 그래 보인다 퉁방울눈 주먹코 한일 자 입에다 삐죽이 튀어나온 두 개의 송곳니 참 못생긴 돌장승 그대 손이 이렇게 따뜻하네 그런데 너는 상주 남장사 오르는 길섶 모퉁이서 수백 년 지나가는 사람들 보고 또 그 말씀들 다 들었으니 모르는 게 없지

그럼 말이야 사람의 길, 도道는 어디에 있는 거야 나 이렇게 살아도 되는 건가 귀가 없구나 내 말 하나도 못 들었지 방금 우리가 손 이야기 한 것 잊었나 없다는 것은 사방으로 열려 있다는 것 아닌가

그러면 길을 알려줘 뒤돌아봐 지금껏 너를 따라온 길 있는가 하나도 없지 그대가 밟아온 길은 그대로 네 가슴속에 다 들어가 있어 가야할 길도 네 가슴속에 있지 고개

숙여 참회의 눈으로 너를 들여다 봐 그리고 세상 속으로 가렴 길은 거기 그렇게 있어

* 석장승 : 경북 상주시 남장동 산63-6에 소재한 경상북도 민속자료 제33호.

노래

— 석장승과의 대화2

장승도 짝으로 세상에 온다는데
그대 짝은? 당신은 남자인가
멀리서 보면 남근 생김새라
남자겠구먼, 맞는가?

어라, 네 이름에도 돌이 들어있네
암岩이라, 같은 돌이니
이리 와서 짝이 되어 같이 놀아보세

쓸만한 말씀 한 덩이 들려주려나?

아니, 잘 부르는 네 노래 듣고 싶네

간절한 사람들에게 다 떼 주고 없는
그대 귀와 코 빌려 나 노래 하려네
세상의 맺힌 마음들 찾아가 손잡고
술술 풀어내는 내 노래 부르고 싶네

□ 해설

견자(見者)의 노래

— 이종암 시의 의미

김경복(문학평론가, 경남대 교수)

다음 한 편의 기이한 시부터 살펴보지 않고서는 이번 이종암 시집의 진경을 말할 수 없을 것이다. 시인은 이렇게 노래한다.

금당터 앞
잎도 피우지 않고 서 있는 한 그루
감나무, 내게 말을 건넨다
싹을 내밀고 곧 꽃 피워 열매 맺을 테니
가서 네가 불러야할 노래 불러라
너는 혼자가 아닌 것이니

— 「숭복사지」 부분

경구일까, 비의(秘義)일까? 감나무가 사람에게 말을 하는 것도 놀라운데, "가서 네가 불러야할 노래 불러라" 라고 당당하게 말하는 태도나 그 속에 무엇인가 깊은 뜻을 품고 말하고 있는 것은 더욱 기묘하다. '네가 불러야 할 노래' 라니, 감나무는 이 시적 화자가 해야 할 일을 모두 알고 있다는 말이 아닌가. 더구나 "너는 혼자가 아닌 것이니" 하면서 곤궁한 처지의 시적 화자의 마음을 다독거리며 부추기고 있다. 세속적 성공과는 동떨어진 한 인물이 폐허나 다름없는 숭복사지를 찾아왔다가 숭복사 절 터에 서 있는 감나무의 주파수에 문득 접속되어 몸을 떠는 한 기이한 장면. 이 시의 신비는 거기에 있는데, 문제는 그의 전율이 그만의 전율에서 그치는 것이 아니라 행간을 넘어 우리의 심금마저 울리게 한다는 사실이다. 세상의 한가운데로 너만의 노래를 부르러 나아가라. 아무런 두려움이나 의혹 없이 무소의 뿔처럼 나아가라. 그의 귀에 들려오는 소리가 우리마저 저 운명의 들판으로 불러내는 것 같은 것이다. 그 황당함과 어질머리, 시적 화자에 들붙어 주술처럼 소리를 받고 세계로 나아가는 듯한 이 환상!

이처럼 이 시의 기이함은 복합적이다. 그러나 무엇보다 이 시에서 기이함은 사물이 인간에게 말을 해오는 것을 한 인간으로서 알아듣는다는 사실에 있다. 우리는 그것을 '접신(接神)' 이라 부를 수 있다. 때문에 이 시의 특징은 사물과 인간의 교감을 인간 화자 '나' 중심으로 전개하지 않고, 자연이 중심이 되어 우주의 비밀을 전하고자 하는 특별한 형식에 있다. 이때의 인간은 한없이 낮아지고 겸손해져 우주의 섭리를 온몸으로 받아들여 전하는 모습을 취한다. 이런 사람을 가리켜 우리는 '부름을 받은 자', 세상으로 나아가 '비밀을 전해야 할 자'라고 이름을 붙인다. 이마에 신령의 표지를 받고 세상으로 나가는 자의 뒤엔 우주의 힘이 버티고 있으니 무엇이 두려우랴. 이 시의 시적 화자 역시 영혼 가득 신기(神氣)로 채워져 세상으로 나오게 될 것이다. 아마 그러한 충일감과 신선함이 우리로 하여금 이러한 세계에 동참하게 하지 않았을까.

시인의 운명과 노래의 비밀

그런 점에서 시인 이종암은 이번 시집에서 비의에 가까운 놀라운 발늘을 직조하고 있다. 그것들은 그가 시인으로서 이 세계에 존재하게 되는 이유에 대한 제 나름의 깨우침일 터인데, 그것이 의례적인 차원에서 그치는 것이 아니라 독자에게 놀랍고 의미심장하게 다가와 하나의 표식을 남기고 있다는 점에서 예사롭지 않아 보인다. 그것은 신들린 자의 말로 우리의 메마른 영혼에 주비를 내러지는 것과 다름없기 때문이다. 후기산업사회의 물질적 세계관에 의해 죽어버린 우리들 영혼을 깨우려 한다는 점에서 그의 이러한 시적 특성은 가장 당대의 문제성을 겨냥하고 있다. 다음과 같은 시들은 그와 같은 맥락에서 시인의 본분을 말하고 있는 것이지 않을까.

연못과 하늘, 그 속의 목어와 별
그들의 수작을 나는 보고 말았다
온몸이 다 얼얼하다

―「검은 목어새」 부분

사람들은 모른다 저 못의 아가리 위로 연꽃은 왜 피는지 그냥 못둑에 서서 아, 아 입만 벌리다 돌아간다 천년 사랑의 비밀문서가 내장되어 저리 연꽃이 피는 서출書出, 지池의 속사정을 나는 마침내 말해야만 한다

―「다시, 서출지」 부분

비밀은 그것이 어떠한 내용이라도 우리의 삶에 있어서 중요한 사안이 되는 것이다. 때문에 그것을 아는 사람과 모르는 사람의 태도는 천양지차(天壤之差)다. 그렇다면 비밀을 '본' 사람과 보지 못한 사람의 태도는 어떻게 다를까? 우리는 이러한 낯익은 심리에 대해 좋은 일화를 가지고 있

다. 복두장이설화에서 복두장이는 임금님의 귀가 당나귀 귀처럼 생겼다는 숨겨진 사실을 '본 자'에 해당한다. 이 비밀을 알게 된 복두장이의 심리는 이후 그가 결국 비밀을 참지 못하고 아무도 없는 대밭에 그 말을 함으로써 대나무들이 대신 '임금님 귀는 당나귀 귀'라는 비밀을 밝혀내는 데에 드러난다. 비밀을 보았다는 것은 특별하게 선택되었고, 그 선택에 값하는 고통을 감수해야 한다는 것이다. 여기서 비밀은 밝혀지고 만다는 교훈적 사실에 주의를 둘 것이 아니라, 본 자가 그것의 진실을 밝혀야만 하는 절박감과 필연성에 초점을 둘 필요가 있다. 즉 본 것은 아는 것이고 아는 것은 모르는 사람에게 전해야 할 의무가 주어진다는 것이다.

결국 보았다는 것, 더 나아가 운명적으로 "보고 말았다"는 것은 세계의 비밀을 말해야 할 사명이 주어졌다는 말과 다름없다. 「검은 목어새」에서 연못과 하늘, 그리고 목어와 별의 수작이라는 우주의 비밀을 '보고 만' 시적 화자는 본 자의 운명을 점지받은 바로서 특정한 존재다. 때문에 하나를 더 아는 존재로서 감당해야 할 고통, 즉 "온몸이 다 얼얼하"게 되는 '신열(神熱)'은 그와 같은 존재에게 필연적이다. 이 고통의 끝에 시적 화자는 또 다른 차원의 우주적 비밀이라 할 수 있는 "서출書出, 지池의 속사정을 나는 마침내 말해야만 한다"고 천명(闡明)할 수밖에 없다. '보고 만

것' 은 '말해야만 하는 것' 으로 즉각 변주되기 때문이다. 그것은 앞의 시 「숭복사지」에서 보았던 것처럼, 우주가 불러 비밀을 가르쳐주고 이 비밀을 인간의 소리로 바꾸는 아픔을 겪게 한 다음 그 비밀의 내용을 세상에 알리게끔 하는 것에 해당한다.

이 점에서 이종암은 시와 시인됨의 직분을 분명히 인식하고 있는 시인이다. 시를 단순한 일상적 정서를 표현하는 것으로 보는 것이 아니라 이 우주의 섭리를 받들고 그것의 의미를 사부대중에게 전해야 하는 진리의 소리로 본다는 것이다. 때문에 그가 시, 다시 말해 노래를 다음과 같이 부르고 있는 것은 그의 시관으로 볼 때 절실한 행위이다.

하늘의 북소리 받아 저 화염의
세상 속으로 밀어 넣어야 하는데
내 시여, 너는 아직 멀었다

— 「하늘북」 부분

옛 사람의 길 따르며 노래 부르네
병든 세상 씻는
내 노래를 찾으며

— 「상서장」 부분

간절한 사람들에게 다 떼 주고 없는
그대 귀와 코 빌려 나 노래 하려네
세상의 맺힌 마음들 찾아가 손잡고
술술 풀어내는 내 노래 부르고 싶네

—「노래 —석장승과의 대화2」 부분

그의 시는 극단적으로 "하늘의 북소리"이고자 한다. 인간의 미망을 깨뜨리고 삶과 죽음의 비밀을 일거에 꿰뚫어 버리는 진리의 소리, 그의 시가 그러한 경지에 가 닿는 것은 참으로 지난(至難)한 것이기에 "내 시여, 너는 아직 멀었다"는 탄식은 일리 있고, 그래서 애절한 바가 있다. 때문에 그러한 마음을 추스리고 좀 더 자신을 낮춰 "옛 사람의 길 따르며", "병든 세상 씻는/ 내 노래를 찾으"려는 자세는 시인의 원숙함을 엿보게 하는 부분이다. 석장승처럼 "세상의 맺힌 마음들 찾아가 손잡고/ 술술 풀어내는 내 노래 부르고 싶"은 마음은 하늘의 뜻을 이 지상에서 가장 그답게 실천하는 자세로 보이는 것이다. 그 인간적이고 공감적인 노래 속에 오히려 하늘의 북소리가 담겨 있지 않다고 누가 말할 수 있을 것인가.

노래로 천지를 울릴 수 있는 것이 시이고 시인인 것이다. 그 점에서 시인의 운명은 범상을 벗어나야 한다. 시인됨의 자각은 본질적이고 심원해야 한다. 이종암은 다음과 같은 시를 써 이를 증명하고 있다.

미시령 넘어 속초 가는 길
고갯마루 지나 내리막, 막 접어든
순간,
눈 앞 능선에서 불쑥
삐죽하게 치솟은
바위!
내 가슴 깊숙이 찌른다

붓

끝이다

뭘 쓰려나

아, 날 찍어 뭘 쓰려나

하늘은 다만 넓고 푸르다

—「하늘공책」 전문

놀라운 직관이다. 여기서 시인은 자연이 이 우주에 뭘 남기고자 하는 데에 필요한 '먹물'과 같은 존재다. 자연이 '붓'이라면 시인은 그 붓끝을 적시는 '먹'이다. 먹으로 이 무질서와 무의미로 가득 찬 세계에 의미의 자국을 남기게끔 하는 것이다. 사실 그렇지 않은가. 시인은 제 안의 피가 마르기 전에 이 지상에 살았다는 흔적, 이 지상에 존재한 의미 등을 남겨놓아야 한다. 이때 피는 존재의 의미를 증거할 수 있는 가장 원초적 물질이다. 자연은 이 피로, 이 우주의 진실을 알려는 시인의 의지로 광막한 하늘과 대지에 어떤 무늬를 그린다. 아니 새긴다. 그 새김은 피로 물들여지는 만큼 곱고 선명하지만 피가 갖는 생명성의 전부를 걸어야 하는 만큼 치명적이다. 「하늘공책」은 무형과 혼돈으로 가득 찬 이 우주에 실은 시인이 제 피를 먹물로 삼아 유형과 질서의 세계를 그리고 새기겠다는 갈망의 표현이다. 그것은 자신의 전 존재성을 걸겠다는 의지가 밑바탕에 깔려있는 것이기에 매우 심원하면서도 장엄해 보인다. 시인이라는 존재의 매혹성과 치명성이 잘 드러난 작품인 것이다.

그 점에서 이종암의 이번 시집에서 시인은 보통 사람이 될 수 없다. 시인은 자연의 소리에 접속할 수 있어야 하고, 우주의 비밀도 볼 수 있어야 하며, 그러면서 자신의 전 존재성을 걸고 이 무의미한 세계에 유형과 질서의 어떤 의미의 자국을 남길 수 있는 사람이여야 하기 때문이다. 그러한 사람을 우리는 무어라 부를 수 있는가? 당연히 시인이라 불러야 하겠지만 오늘날 시인이 갖는 말의 상투성을 염두에 둘 때, 그러한 사람을 우리는 랭보의 말에 따라 '견자(見者)' 라 부를 수 있을 것이다. 견자는 보통 사람들이 보지 않는 곳을 보며, 같은 대상이라도 다르게 보는 사람이다. 랭보는 이 견자라는 용어가 시인이 되려는 것에 있음을 밝혔지만 오늘의 우리의 입장에 보면 일상적 시인을 넘어 당대의 가장 문제적 현실을 보고 그것의 진실을 밝혀내는 사람이란 뜻으로 받아들여진다는 점에서 좀 더 전인적이다. 그 말은 산업자본주의 사회에서 사적 글쓰기로 물러앉아버린 듯한 시인이란 말을 갱신하며 진정한 시인이란 무엇인가를 말해줄 수 있는 개념으로 다가오는 것이다. 그 점에서 이종암은 견자(見者)를 지향한다. 견자의 시인이고자 하는 것이다. 그 점이 이번 시집에서 눈에 띄는 가장 큰 특색이다.

견자로서 읽는 자연의 경전

견자는 저급의 무당이 아니다. 이종암도 마찬가지다. 장자(莊子)가 만물이 있게 하는 근본으로서 언급한 하늘의 소리, 즉 '천뢰(天籟)' 에 해당하는 "하늘의 북소리" 를 듣고 이를 노래하고자 하는 사람인 것이다. 그 점에서 이종암은 단순히 신과 소통하는 것이 문제의 본질이 아니라 이 우주의 의미와 그 우주에 깃들여 사는 생명의 진정한 존재성을 찾고 이를 구하고자 하는 데에 본질이 있음을 그의 시적 기투(企投) 속에 분명히 밝히고 있다. 이를 잘 알 수 있는 것이 그의 시집 곳곳에 나오는 '자연의 경전화' 다. 견자의 입장에 볼 때 자연은 상징으로 가득 찬 경전(經典)이다. 그것을 잘 알 수 있는 시편들이 다음과 같은 것들이다.

장육사 가는 길 늙은 오동나무는
보랏빛 말씀들 주렁주렁 매달고
머리 굵어진 초록 중생들 앞에서
천천히 오동경 읽고 계신다

꾹꾹 눌러 제 몸에 경經 받아 적는
길 가는 봄 들판은 바쁘다
연누는 자기를 지워 초록으로 가는데
나는 나를 지워 어디로 가는가?

— 「오동經」 부분

천이백 살 먹은 유가사 시방루 앞
삼백 살쯤 된 은행나무 한 그루

우두커니 서서
시월에 후루루 파다다 춤춘다
하늘공책에 사경寫經 새기며

그 아래 사람들 시와 노래 잔치 열어
공양 올리니 은행나무 사람에게 말을 건다
황금빛 이파리 후루루, 후룩, 후룩
은행이 투두두 투둑, 툭, 툭
부처님 말씀처럼 내려온다

—「은행나무가 사람에게 말을 걸다」 부분

지난 여름 보경사 산문 앞 육백 살 회화나무 한 분 땅바닥에 온전히 넘어지셨다

일평생, 제 몫을 다하고 허공에서 바닥까지 큰절 한 번 올리고 누운 저 몸, 마지막 몸뚱이로 쓴 경전經典

—「절」 부분

이번 시집에서 가장 많은 경향성을 보이는 시편들이라 할 수 있다. 「오동經」에서 시적 화자는 오동나무에 매달린 꽃을 통해 "보랏빛 말씀들"을 본다. 그 말씀은 중생들에게 생의 진리를 가르치는 내용으로 화자에게 다가온다. 그 점

에서 "나는 나를 지워 어디로 가는가?" 하는 질문은 사물의 표피적 현상 너머를 본 사람으로서 오동나무의 생리를 통해 자연의 이치와 존재의 본질에 대해 탐색하는 것에 해당한다. 견자는 새로운 것을 보는 사람이지 이미 도를 깨달은 사람은 아니다. 그러나 현상의 벽에 가로막혀 있는 평상인에 비해 그가 진리의 세계에 한 발 가까이 다가가 있다는 사실은 말해 무엇할까. 오동꽃을 두고 '보랏빛 말씀들' 이란 공감각적 이미지로 조형해내는 저변에는 깊이 보고, 다르게 보는 견자로서의 혜안이 번득인다.

자신의 존재성에 대한 이러한 탐색은 「은행나무가 사람에게 말을 걸다」와 「절」에서도 나타난다. 은행나무는 자연 그대로 존재함으로써 "하늘공책에 사경寫經 새기"는 절대의 일을 수행하고 있다. 그러한 수행의 결과로서 제 육신의 일부인 은행잎과 은행의 탈피(그렇다 脫皮다. 그것은 解脫이기도 하다)는 바로 "부처님의 말씀" 으로 승화된다. 시인은 자연의 이치대로 윤회순환하는 은행나무의 현상을 보고 그것의 바탕에 깔려 있는 깊은 뜻을 발견하고 통찰한다. 이러한 체득은 자신에게 주어진 운명을 온몸으로 살고 크게 한 번 '절' 로 존재의 의미를 마감하는 회화나무의 죽음에서 더욱 도드라지게 표현된다. 즉 "일평생, 제 몫을 다하고 허공에서 바닥까지 큰절 한 번 올리"는 나무의 일생이 시적 화자에게 터득해야 할 "몸뚱이로 쓴 경전經典" 으로 각

인되면서 이 세계는 깊이 배우고 연마해야 할 장려한 화엄 도량으로 성화(聖化)되는 것이다.

그 점에서 견자는 본질적으로 '견성(見性)'을 추구할 수밖에 없다. 현상 너머를 본다는 것은 삼라만상의 본성을 본다는 것인데, 이는 자연스럽게 불교의 가르침과 관련된 자기 나름의 구도일 수밖에 없다는 뜻이다. 이번 시집 곳곳에 스며든 절과 관련된 이야기나 사색들은 이종암이 그의 시적 지향점을 어디에 두고 있는지를 짐작하게 만드는 것들이다. 다음과 같은 시가 그것을 잘 보여주는 한 편의 시가 아닐까.

금강계단 되돌아 나오는데
천지간 황사 밀어내며 막 눈뜨는
홍매 한 그루, 나를 꾸짖는다
암아, 암아, 세상 살면서
제대로 핀 니 몸꽃 하나 가져라

산문을 나오며 바라본 먼 산
잿빛 겨울을 지우며 올라오는
연두가 또 회초리를 든다

—「홍매도 부처 연두도 부처」부분

자연은 어리석은 중생으로 살고 있는 시인을 "꾸짖고", 심지어 더 나아가 "회초리를 든다". 아무리 절에 들어가 "금강계단"을 밟았다 하더라도 "제대로 핀 (니) 몸꽃 하나가" 지지 못한 존재라는 자의식은 자신의 존재성에 대해 왜소함을 부여하여 처연한 감을 들게 한다. 이종암 시인이 혼탁해지기 쉬운 자신의 존재성에 대하여 갖는 염결성일 것이다. 하지만 그러한 자탄과 몸부림이 '홍매'나 '연두'와 같은 아름다운 존재성을 드러내는 징표임을, 존재가 이 세계와 부대끼고 나날의 삶을 살아가는 것에 필수적인 의식임을 우리는 알고 있다. 고통스러워하며 피를 흘릴 때 살아있는 감정은 충일하며, 그러한 상태일 때 더 없이 재게 움직여 앞으로 나아갈 수 있는 것이다. 오히려 문제는 자연의 이 놀라움으로부터 아무런 감흥을 받지 않고 당대의 물질적 현실에 포박되어 살아가는 기계적 인간의 상태다. 그런 존재는 살아있는 어떠한 '몸꽃'도 지닐 수 없으며 온전한 자의식마저 갖지 못한다. 즉 죽음이다. 죽음을 이겨내게 하는 육체성과 정신성의 표상으로서 이 시가 우리에게 주는 메시지는 그런 점에서 중층적이다.

때문에 육체가 굳어버리고 마음마저 증발된 현실에서 사물의 소리를 듣고 그들의 언어와 살결로 소통하여 살아있다는 확신과 표식을 얻는 일, 그것은 참으로 중요하고 중요한 일인 것이다. 그러한 것에 대한 살가운 마음은 이 자연이 그를 키운 바탕임을, 그 바탕에 우리의 소박한 조상들이 살았음을 기껍게 느끼게 한다. 이종암은 다음과 같은 시를 씀으로써 시인이고, 아들이고, 아버지로서 전인적 모습을 보일 수 있게 되었다고 말할 수 있을 것이다.

아버지는 멋진 책을 잘 만들었다
봄과 여름 사이 오월의 논에 아버지
산골짝 물 들여와 소와 쟁기로 해마다
무논의 책 만든다

모내기 전의 무논은 밀서密書다
하늘과 땅이 마주보는 밀서 속으로
바람이 오고 구름이 일어나고
꽃향기 새소리도 피어나는 무논의 책

아버지 어머니 책 속으로 걸어가면
연둣빛 어린 모가 따라 들어간다
초록 치마를 펼쳐놓은 책 위로
하늘이 구름 불러 햇볕과 비를 앉히고
한철 또록또록 그 책 다 읽고나면
밥이 나왔다
무논의 책이 나를 키웠다

—「무논의 책」 전문

이번 시집에서 가장 따뜻한 시라 할 수 있다. 이 시는 아버지와 어머니가 자연과 협력하여 자연의 경전인 "무논의 책"을 만든 내력을 담고 있다. 인간도 선하게 살아가면 자연의 경전이 될 수 있고, 그러한 자연의 섭리 덕택에 "무논의 책이 나를 키웠다"는 말처럼 우리가 이렇게 클 수 있었음을 유연하고도 유현(幽玄)한 인식의 깊이로 드러낸다. 세계와 내가 분리되어 있지 않고 모든 것들이 서로 절실하면서도 질박한 마음으로 맺어져 있음을 보여주는 것이다. 부모의 사랑과 자연의 사랑이 결합되면서 이 우주가 또 다른 나의 부모임을, 가족임을 느끼게 함으로써 정서적으로 이 세계에 대해 애착을 갖게 한다. 그 어떤 강력한 생태적 강령보다 근원적 힘을 내포한 상태로 우리의 심금을 울리게 하는 시인 것이다.

이종암의 시에서 자연이 이러한 잔잔한 감동만 주는 것으로 그치는 것은 아니다. 운명이라는 광포한, 혹은 무서운 길을 그 내부에 간직함으로써 두려움의 대상이 되는 경우도 있다. 즉 시인은 자신의 염결성에 입각해 자연을 바라보는 시선에도 객관적이고 균형적인 자세를 취하고 있는 것이다. 다음 시편들을 보면 이를 알 수 있다.

화단에 동백 세 그루
겨우내 몸속 쌓아둔 긴 기다림에
잎은 온통 진초록 빛인데
봄볕의 불을 받아 안고서 끝내
한 며칠 잉걸로 활활 타오르더니

그예 몸 아래 불길 주루룩 다 쏟아
꽃방석 하나 만들고는 곧장
눈 꾹, 감는다
초록의 제 길을 가는 것이다

—「봄날도 가고」 부분

번득이며 강을 거슬러 오르는 그렇게
한사코 길 가는 은어 떼의 몸짓들
떠났다가 다시 돌아와 또 다른 나를
부려놓고 온전히 바닥으로 가는
본래, 그 무서운 길

—「本來」 부분

동백꽃은 제 나름대로 한 세상을 열심히 살다가, 즉 "한 며칠 잉걸로 활활 타오르더니" "눈 꾹, 감"고 "초록의 제 길"을 간다. 거역할 수 없는 운명의 길을 가야하는 것이다.

은어 떼 역시 "떠났다가 다시 돌아와 또 다른 나를/ 부려놓고 온전히 바닥으로 가는/ 본래, 그 무서운 길"을 피할 수 없다. 자연은 삶으로도 길을 열어놓고 있지만 죽음으로 그 길을 더 활짝 열어놓고 있는 것이다. 때문에 삶의 길에 있을지라도 그 끝은 언제나 죽음으로 뻗어있기에 '무서운 길'이 될 수밖에 없다. 삶에서 이 무서움을 느낀다면 그 어느 누가 삶을 함부로 방치하고 탕진하겠는가. 자연의 사물들은 그 점에서 온몸을 다하여 삶을 죽음으로 들이민다. 다시 말해 온몸으로 죽음의 길을 산다. 그 길에는 여한이 없을 것이다. 그 여한이 없는 자연적 생명의 길을 시인은 "초록의 제 길"이라 하여 긍정적 시선을 주고 있다.

그렇지만 이 시들에서 중요한 것은 그 어느 길에 올라있을지라도 그 밑바탕에 '本來'가 있음을 시인은 말하고자 한다는 사실이다. 본래란 모든 일의 맨처음이란 뜻을 지닌 것으로 나서 죽고, 다시 태어나 또 다른 나를 남기고 돌아가는 생명의 일이 바로 여기에 해당한다고 보는 것이다. 그것은 우리의 태어남과 죽음도 이 '본래'에 달려있는 것이기에 무의미하거나 두려워해야할 일은 아니란 뜻의 함축이다. 때문에 무섭다는 말은 참으로 피할 수 없는 본질적인 것들을 알게 되었다는 경외감과 다르지 않다. 이 우주와 세계에 대한 경배의 마음을 시인은 저 무서운 마음으로 언표화해내고 있는 것이다.

우주를 하나로 엮는 '붉은 끈', 그 시적 범아일여(梵我一如)

견자의 마음으로 자연의 경전을 읽고 그 진리의 내용을 궁구(窮究)하여 마음에 새기는 일이 이번 이종암 시집의 대체적 주제다. 때문에 그의 시에서 일상적 상식과 위배되는 내용이 시적 진실로 주어지는 것은 너무도 당연하다. 그가 시적 형상화 방법으로 즐겨 택하는 역설은 바로 그 점에서 견자의 인식이자 그것을 드러내는 형식의 절묘한 결합이다. 이번 시집의 표제시가 되고 있는 「몸꽃」도 견자의 인식과 형식을 보여주는 역설의 대표적인 사례일 것이다.

오어사 뒷마당 배배 뒤틀린 굵은 배롱나무
뇌성마비 1급 지체장애자
영호 형님 작은 아들 차근우 같다
말도 몸도 자꾸 안으로 말려들어
겨우 한마디씩 내던지는 말과 몸짓으로
차가운 세상 길 뚫고 나가
뜨거운 꽃송이 활활 피워 올리는 나무

푸른 대나무가
온몸의 힘 끌어 모아 겨우 만든 마디

촘촘한 마디의 힘으로 태풍을 견디듯

자꾸만 뒤틀리고 꺾이는 몸
서지도 걷지도 못하는 형극의 몸으로
수도 없이 들어올린 역기로 다져진
팔뚝 근육, 차근우

시꺼먼 가슴 뜯어 길을 만들었다
부족한 몸뚱어리 빚고 또 빚어
제 집 한 채 거뜬히 세운
세상 가장 뜨겁게 타오르는
몸꽃

—「몸꽃 —차근우」 전문

이 시는 시의 주대상이 오어사의 '배롱나무' 인 것처럼 표현하고 있지만 실은 "뇌성마비 1급 지체장애자/ 영호 형님 작은 아들 차근우" 의 몸을 주요 대상으로 하여 표현하고 있다. 배롱나무와 차근우의 육체적 상사성(相似性)을 바탕으로 시적 전개를 해 나가고 있지만 우리가 이 시에서 봐야 할 것은 그 "배배 뒤틀린" 몸이 미끈하게 빠지지 않아 더욱 아름답다는 인식이다. 그 몸이 왜 아름답느냐 하는 질문엔 세속적 가치로는 말할 수 없다. 여기서 이 시의 역설이 발생한다. 그 역설은 앞에서 보았던 이종암의 견자적 시선에서 비롯된다.

배롱나무나 차근우가 아름다운 이유는 마지막 연, 즉 "시꺼먼 가슴 뜯어 길을 만들었다/ 부족한 몸뚱어리 빚고 또 빚어/ 제 집 한 채 거뜬히 세운/ 세상 가장 뜨겁게 타오르는/ 몸꽃"에서 볼 수 있듯이 고통과 추(醜)의 극단을 가장 아름다운 길을 여는 바탕으로, 즉 연료로 사용하고 있는 점 때문이다. 이 말은 가장 고통에 떠는 존재가 "가장 뜨겁게 타오르는 몸꽃"이 되는 우주적 진리를 그 고통의 순간에 보았다는 뜻이 된다. 이는 추가 전제되지 않는 미가 없듯이, 그리고 고통이 전제되지 않은 기쁨이 없듯이 이 양면성은 한 쌍의 필연적 관념이자 현상들로 동전의 양면과 같이 공존한다는 인식의 싹틈을 가리킨다.

그런 점에서 이 시의 특장은 추함 속에서 아름다움을 끄집어내고 고통 속에서 기쁨의 싹을 들추어내어 우리들 사고의 일면성을 반성케 하는 점에 있다. 삶으로 죽음을 사는 것처럼, 죽음으로 삶을 죽이는 것처럼 극단의 추함과 고통이 극단의 아름다움과 기쁨에 윤회 통교(通交)한다는 사실을 보여주는 것이다. 그래서 이 시는 추와 고통이 어쩌면 우리 삶에서 우리의 생명성을 가장 의미있는 순간으로, 가장 꽃답게 활짝 피어나는 순간으로 만들게 한다는 인식을 보여준다. 실제 고통이 삶을 가장 의미있게 활성화

시킨다. 이러한 인식은 보통의 경험으로 이루어질 수 없는 것이다. 그만큼 이종암의 시적 언명은 치열하고 도저한 바가 있다.

따라서 우주적 진리를 자신의 몸에 새기기 위해 자신에게 고통과 상처를 주는 것을 두려워할 필요는 없다. 그것이 사랑의 상처(「동피랑과 나타샤」)든, 육체적 상처든 상처는 보다 큰 자아로 나가기 위한 과정으로 보는 것이다. 이러한 현상이야말로 생의 비약을 위한 역설적 인식이다. 다음 시가 이를 잘 보여준다.

자기 몸 허물어
먼 길 가는 영혼을 위해
아궁이를 놓아둔다
젖은 눈빛, 그걸 들여다보는 것은
생生의 욕망을 내려놓는 일
꺼져가는 몸의 아궁이
끝내 돌아가야 할 문이다

— 「門」 부분

사는 것이 사실은 앞으로 나아가는 것이 아니고 돌아가는 길이라고 한다면 우리는 그것에 얼마나 동의할 수 있겠는가. 그것도 돌아가기 쉽게 계속 "자기 몸 허무"는 것이라면 삶 자체에 그렇게 애달아 할 필요가 없다고 생각할지 모르겠다. 시인 이종암은 나무의 생애를 통해 삶은 "자기 몸 허물어/ 먼 길 가는 영혼을 위해/ 아궁이를 놓아두"는 것으로 생각한다. 영혼이 "끝내 돌아가야 할 문"을 만드는 일이 삶이라는 것이다. 그 점에 의해 이 시에서 삶과 죽음은 둥글게 원을 그린 상태로 문을 사이에 두고 맞물려 있다. 그때 그 문은 물론 우리의 '몸'이다. 몸에 생기는 상처, 즉 "아궁이"다. 때문에 역설적으로 이 시는 잘 돌아가기 위해 몸의 소중함과 상처의 의미심장함에 대해 이야기하고 있다고 볼 수 있다. 좀 더 전진해보면 보다 완숙한 삶을 사는 것이 보다 완숙한 죽음을 맞이하게 된다는 진리의 표현으로 간주해 볼 수 있다. "젖은 눈빛"으로 생의 욕망을 처연히 내려놓는 시적 화자의 내면이 큰 진폭으로 다가온다.

그러나 이 시의 초점은 '돌아감'이다. 나아가는 것이 돌아가는 것이란 인식은 세속적 논리로 설명되지 않는 사항이다. 그렇지만 좀 더 시야를 넓혀 우주적으로 본다면 이 세계는 돌고돌아 본디 그 자리다. 현상적으로도 지구 위를 걸어가면 다시 그 자리에 오게 된다. 그러나 문제는 출발하기 전의 자아와 돌아온 자아는 같지 않다는 데에 있다. 그 말은 나아가기 전의 존재는 의미를 발견하거나 획득하지 못해 무의미한 존재라는 뜻이다. 그 점에서 돌아가기 위해 전진한 자만이 진정으로 살아있다는 진리를 얻을 수 있다.

그렇게 삶의 진정성을 획득하였을 때의 존재는 '영혼'으로 비약한다. 존재가 갖는 의미의 광휘를 둘러쓰게 되었을 때 존재는 밝은 표지로서 영혼이 되는 것이다. 이 시에서 돌아간 자리에 설 수 있는 존재로 영혼을 이야기하고 있는 것에서 그것을 알 수 있다. 이는 혼의 전능성과 불멸성에 대해 은연중 말하고 있는 셈이다. 그러면서 혼의 소통에 대한 필요성을 말하고 있는 것이다.

대저 혼(魂)이란 무엇인가? 그것은 우리의 일상적 현상을 넘어 이 우주와 합치되는 우주적 자아 내지 우리 인간이 간곡하게 추구해마지 않는 영원한 생명성 아니겠는가. 혼의 통교와 불멸성을 확인하고 인정받을 때 현실적 인간은 유한과 단절의 장벽을 벗어나 자유자재의 존재가 된다. 그런데 여기에는 확신이 중요하다. 영적 존재의 실존에 대한 믿음이 힘들기 때문이다. 그래서 이러한 신념은 자연 종교적 성격을 띠지 않을 수 없다. 이종암은 견자로서의 그의 시적 도정을 따라가며 자연스럽게 이러한 종교성을 획득하고 있다. 영성의 구원을 통한 우주적 초월. 그는 이 우주의 질서를 통찰함으로써 유한적 인간의 존재성을 성스럽게 끌어올린다. 그의 시가 성스러운 성격을 띠는 것은 이런 지향이 문맥 속에 두텁게 깔려있기 때문이다. 다음 한 편의 시가 이러한 점을 다 말해주고 있다.

밤하늘 둥싯 떠오른 한가위 보름달
고향집 뒷산의 아버지 무덤이다

길게 늘어진 텔레비전 속 귀성행렬
자기 뒤를 찾아가는 질기고도 질긴
끈이다, 뜨겁고 고마운 저 끈
햇곡식과 과일로 차례상 보아
조상 찾아가는 지극 정성 저 긴 끈

보름달 기울어 끝내 모습 안 보여도
달은 달, 아버지의 무덤 지나
아버지의 아버지 그 아버지의 아버……
보이지 않는다고 없는 것 아니다

저기서 걸어왔고 끝내 우리 가야 하는
붉은 끈, 저기에 있다

—「끈」 전문

이번 시집에서 이념적으로 가장 문제성을 띠는 작품이다. 사람들의 삶의 모습에서 대자연의 진리를 발견하는 데로 나아가고 있기 때문이다. 이 시에서 중요한 이미지는 '끈' 이다. 그것도 둥글고 환하게 빛을 내는 "붉은 끈". 그런데 이 시에서 끈에 대한 인식의 특징은 둥금보다 면면부절(綿綿不絶)에 있다. 처음엔 사람과 사람을 이어주는, 더 나아가서는 생명과 생명을 하나로 이어주는, 그렇다가 마침내는 이 우주로 뻗어나가 삶과 죽음마저도 하나로 이어주는 절대 진리의 끈. 그 끈은 결코 끊어진 적이 없고, 결코 이 우주에서 사라진 적도 없이 우리들 삶 전체를 아우르고 있다. 그러면서 이 우주에 있는 모든 존재의 존재성을 장엄하게 만들어주는 역할을 한다. 불교에서 말하는 화엄장려를 엮는 인드라의 그물에 빗댈 수 있는 것으로, 세계와 내가 진정으로 하나라는 인식을 구체적 형상으로 드러낸 것이다.

때문에 그가 "저기서 걸어왔고 끝내 우리 가야 하는/ 붉은 끈"을 통해 진리의 구체성을 인식한다는 것은 견자의 시학을 가진 그의 시가 이 우주적 진리의 한 자락을 붙잡은 상태라고 말할 수 있다. 그 진리의 한 자락은 그의 시적 언어가 도달한 질료적 경지, '붉은 끈'을 통한 범아일여(梵我一如)의 미학적 전체감이다. 이 전체감에서 시적 화자, '나'는 결코 혼자가 아닌 것이다. 그것은 서두에서 보았던 「숭복사지」 감나무가 한 말의 실체, 즉 "너는 혼자가 아닌 것이니"의 진실과 상통하며, 수미상관의 그의 시적 체계를 우리는 여기에서 미학적으로, 그리고 인식론적으로 확인할 수 있는 것이다.

그리하여 세계와 교감하는 존재는 내적 충만감에 고통을 행복의 연료로 삼아 기쁘게 살아가겠지만 실은 공명(共鳴)하는 자아로 실존할 수밖에 없어 더욱 고통스럽고 슬픈 존재가 된다. 우주적 초월을 말해도 사실은 이 세계의 소멸이라는 숙명을 피할 수 없고, 더 나아가 슬픈 숙명을 지닌 존재들을 대신하여 아파하고 고통스러워 해주는 존재가 됨으로써 그 슬픔의 강도는 더욱 클 수밖에 없다는 것이다. 그것이 이번 이종암의 시집에서 가장 애잔한 감동을 주는 요소라 할 수 있다. 그런 점에서 다음과 같은 시가 정작 이종암의 신기(神氣)와 숙명이, 그리고 재능과 애상이 버무려진 시적 현실이다.

월명의 슬픈 노랫가락 물살져 오는
팥죽빛 서녘 하늘로 새 한 마리
날아가는 걸 봤다 가릉가릉 그 소리
아직 몸에 남아 있어 나는 아프다

—「사천왕사 터 —월명사」 부분

새를 비롯해 죽은 자의 슬픔이 "아직 몸에 남아 있어 나는 아프다"란 표현은 바로 천지의 지극한 마음을 대신하여 울어주고 아파해하는 접신의 상태를 가리킬 것이다. 선택된 자로서 이 우주의 비의를 밝히고 천지만물의 슬픈 운명을 다독이며 대신 앓아주는 것, 그 일은 참으로 고달프고 험한 길이지만 아름답다. 처연하다. 정말 처절하여 아름답지 아니한가. 시의 위엄은 바로 그와 같은 데서 빛난다. 월명사가 「제망매가」나 「도솔가」의 노래로 제 서원을 알리고 민중의 원망을 담아 자연의 변고를 물리쳤듯이 그 역시 노래로 이 우주와 공명하고자 하는 것이다.

그 점에서 이종암이 걸어가는 시인의 길은 쓸쓸하고 외로워 험난한 도정이 될 것이다. 그렇지만 그만이 갈 수 있는 거룩한 길임도 분명하다. 무릇 생명 있는 것들에 대한 한없는 연민과 이 우주의 신비에 대한 무한한 경배의 마음으로 시적 순례의 길을 갈 것이기에 시인의 행로에 참된 경의를 표하지 않을 수 없다. 우리 역시 생명 있는 것들의 비원(悲願)을 간직한 존재로 그의 시를 통해 이 절절한 목마름을 얼마간 달랠 수 있었고, 앞으로 달랠 수 있을 테니 말이다. 시인의 건투를 빈다.